Goodnight, My Love!
Добраніч, мій .... !

Shelley Admont
Illustrated by Samir Boumsik

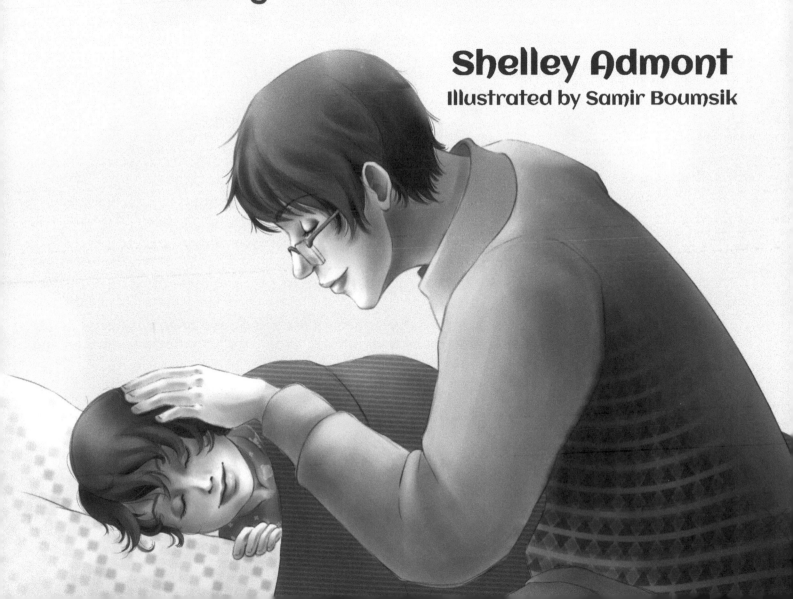

www.kidkiddos.com

Copyright©2015 by S.A.Publishing ©2017 by KidKiddos Books Ltd.

support@kidkiddos.com

First edition, 2019

Edited by Martha Robert

Translated from English by Natalia Demers

Переклад з англійської: Наталія Демерс

Ukrainian editing by Marina Boot

Редагування українською мовою Марини Бут

Library and Archives Canada Cataloguing in Publication

Goodnight, My Love! (Ukrainian Bilingual Edition)/ Shelley Admont

ISBN: 978-1-5259-1443-0 paperback

ISBN: 978-1-5259-1444-7 hardcover

ISBN: 978-1-5259-1442-3 eBook

Please note that the Ukrainian and English versions of the story have been written to be as close as possible. However, in some cases they differ in order to accommodate nuances and fluidity of each language.

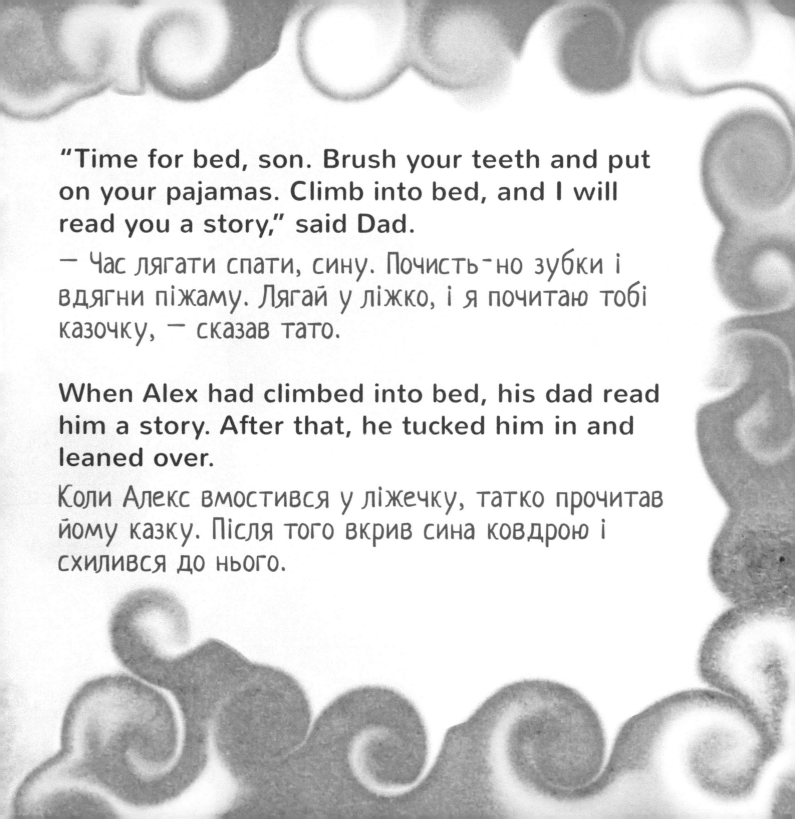

"Time for bed, son. Brush your teeth and put on your pajamas. Climb into bed, and I will read you a story," said Dad.

— Час лягати спати, сину. Почисть-но зубки і вдягни піжаму. Лягай у ліжко, і я почитаю тобі казочку, — сказав тато.

When Alex had climbed into bed, his dad read him a story. After that, he tucked him in and leaned over.

Коли Алекс вмостився у ліжечку, татко прочитав йому казку. Після того вкрив сина ковдрою і схилився до нього.

"Goodnight, son. Goodnight, dear. I love you," he said.

— Добраніч, синку. Добраніч, рідненький. Я тебе люблю, — мовив він.

"I love you too, Daddy, but I can't sleep right now," said Alex.

— Я також тебе люблю, татусю, але зараз я не можу заснути, — відказав Алекс.

"Why, son? What's wrong?" asked Dad.

— Чому, синку? Що трапилося? — запитав тато.

"I need a drink of water first," Alex answered.

— Спершу мені треба попити водички, — відповів Алекс.

Dad went downstairs and poured a glass of water for Alex. Then, he climbed the stairs back up to the bedroom.

Тато спустився вниз і налив склянку води для Алекса. Тоді піднявся сходами назад до спальні.

"Here you are, son. Now you can sleep," said Dad.

— Прошу, синку. Тепер ти можеш засинати, — сказав тато.

Alex drank the glass of water and lay back down. His dad tucked him in and leaned over.

Алекс випив склянку води і знову ліг. Тато вкрив його ковдрою і схилився до нього.

"Goodnight, son. Goodnight, dear. I love you," he said.

— Добраніч, синку. Добраніч, рідненький. Я тебе люблю, — промовив він.

"I love you too, Daddy, but I can't sleep right now."

— Я також тебе люблю, татусю, але зараз я не можу заснути.

"Why, son? What's wrong?" asked Dad.

— Чому, синку? Що сталося? — спитав тато.

"I need my teddy bear," answered Alex.

— Мені потрібен мій плюшевий ведмедик, — пояснив Алекс.

Dad walked across the room and picked up a blue teddy bear.

Татко пройшов через кімнату і взяв блакитного плюшевого ведмедика.

He brought it back and gave it to Alex.

Він повернувся назад і подав його Алексу.

"Not this one, Daddy. I need the grey teddy bear," said Alex.

— Ні, не цей, татку. Мені потрібен сірий плюшевий ведмедик, — сказав Алекс.

Dad laughed. He went downstairs to get a grey teddy bear from the couch. Then, he climbed the stairs back up to his son's room again.

Тато засміявся. Він спустився вниз і взяв з канапи сірого плюшевого ведмедика. Потім знову піднявся сходами до синової кімнати.

"Here is your teddy bear. Now you can sleep," said Dad.

— Ось твій плюшевий ведмедик. Тепер ти можеш спати, — сказав тато.

"Thank you, Daddy!" said Alex.

— Дякую, татусю! — відповів Алекс.

Dad tucked in his son and the grey teddy bear and leaned over.

Тато накрив ковдрою сина з ведмедиком і схилився до нього.

"Goodnight, son. Goodnight, dear. I love you," he said.

— Добраніч, синку. Добраніч, рідненький. Я тебе люблю, — сказав він.

"I love you too, Daddy, but I still can't sleep yet," said Alex again.

— І я тебе люблю, татусю, але я ще не можу спати, — знову мовив Алекс.

"Why, son? What's wrong?" asked Dad.

— Чому, синку? Щось не так? — запитав тато.

"Well, I don't know what to dream about," answered Alex.

— Ну, я не знаю, про що буде мій сон, — відказав Алекс.

"Hmmm, that's very important, isn't it?" said Dad. Alex nodded.

— Гммм, це ж дуже важливо, чи не так? — озвався тато. Алекс кивнув.

"Then, why don't we plan your dream together?" asked Dad.

— Тоді чому б нам разом не спланувати твій сон? — спитав тато.

"That's a good idea, Daddy!"

— Це чудова ідея, татусю!

"If you could be anything at all, Alex, what would you be?"

— Якби ти міг бути ким завгодно, Алексе, ким би ти був?

"I'd be a bird and float on the breeze," answered Alex.

— Я був би пташкою, і літав би у повітрі, — відповів Алекс.

"What a beautiful dream, son!" said Dad.

— Який чудовий сон, синочку! — мовив тато.

"But, what will happen next?" asked Alex.

— Але що ж станеться далі? — спитав Алекс.

"First, you and I will soar through the soft, fluffy clouds. The sun will warm our feathers with its gentle, pink glow," said Dad.

— Спочатку ми з тобою політаємо крізь м'якенькі, пухнасті хмарки. Сонце зігріватиме наше пір'ячко, — промовив тато.

"The sunrise is beautiful, Daddy!" said Alex. Dad nodded.

— Схід сонця такий гарний, татусю! — вигукнув Алекс. Тато кивнув.

"Next, we will glide over the cool, gray mountains and past the quiet forest," said Dad.

— Далі ми полинемо понад холодними сірими горами, повз тихий ліс, — оповідав тато.

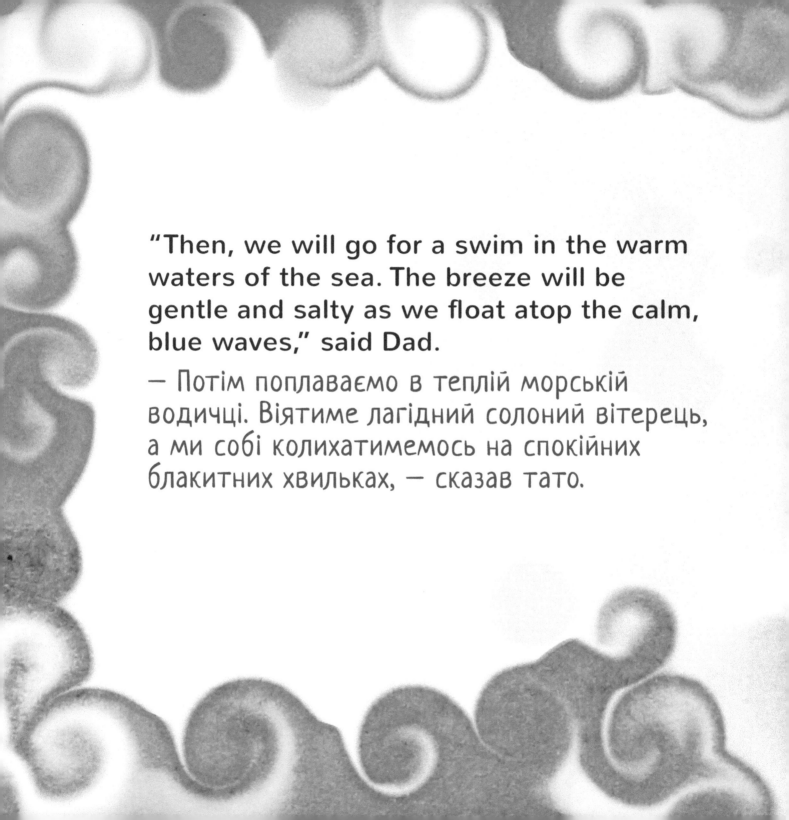

"Then, we will go for a swim in the warm waters of the sea. The breeze will be gentle and salty as we float atop the calm, blue waves," said Dad.

— Потім поплаваємо в теплій морській водичці. Віятиме лагідний солоний вітерець, а ми собі колихатимемось на спокійних блакитних хвильках, — сказав тато.

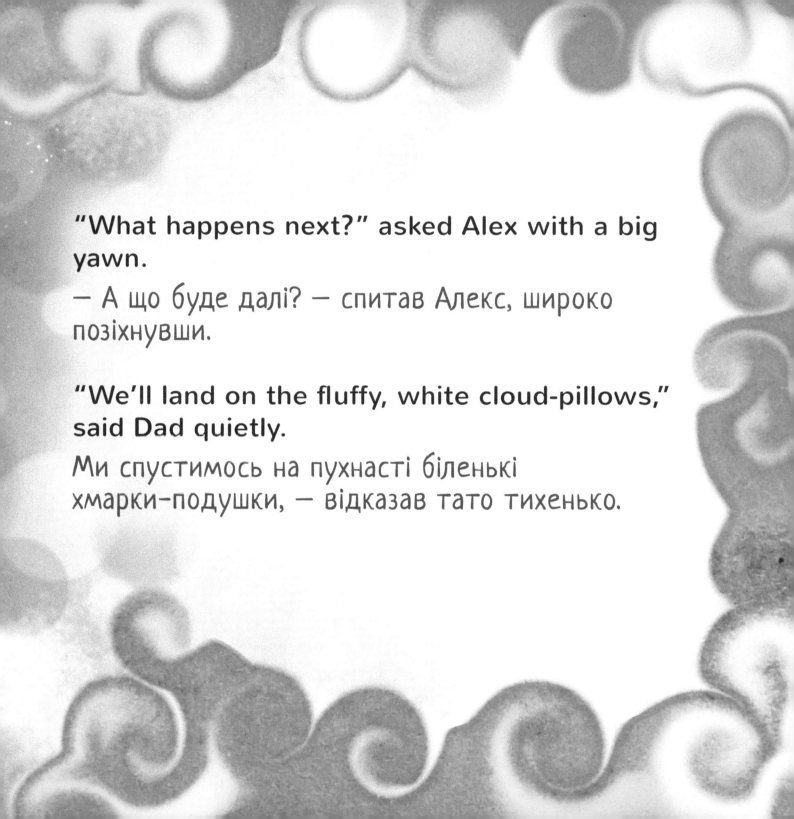

"What happens next?" asked Alex with a big yawn.

— А що буде далі? — спитав Алекс, широко позіхнувши.

"We'll land on the fluffy, white cloud-pillows," said Dad quietly.

Ми спустимось на пухнасті біленькі хмарки-подушки, — відказав тато тихенько.

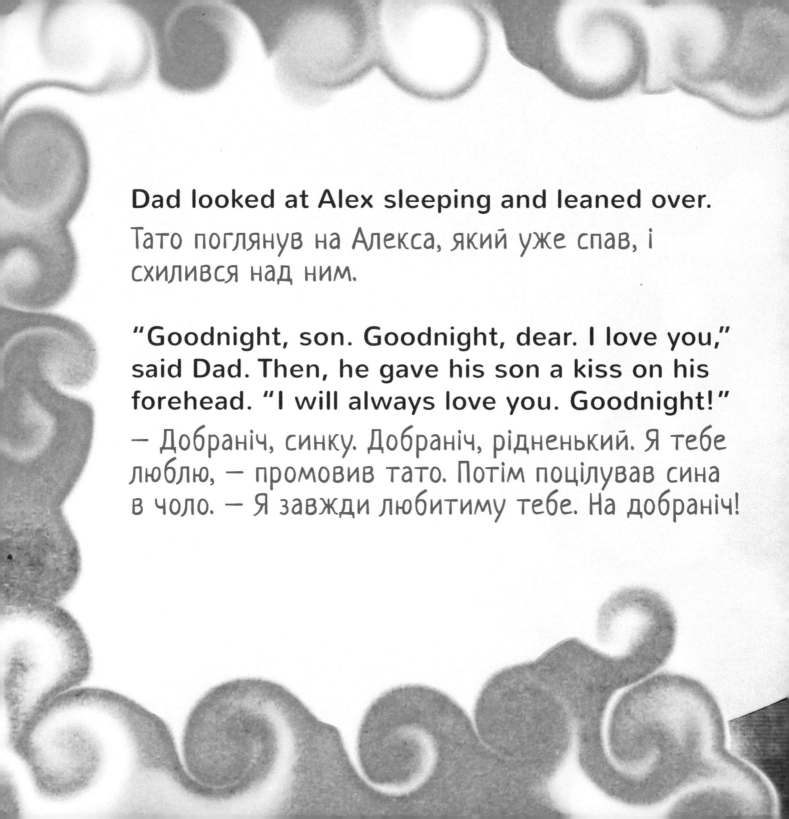

Dad looked at Alex sleeping and leaned over.

Тато поглянув на Алекса, який уже спав, і схилився над ним.

"Goodnight, son. Goodnight, dear. I love you," said Dad. Then, he gave his son a kiss on his forehead. "I will always love you. Goodnight!"

— Добраніч, синку. Добраніч, рідненький. Я тебе люблю, — промовив тато. Потім поцілував сина в чоло. — Я завжди любитиму тебе. На добраніч!